Impressum

Verlag: BABADADA GmbH, Nedderfeld 112 , 22529 Hamburg

Geschäftsführer / Verlagsleitung: Harald Hof

Druck: Books on Demand GmbH, In de Tarpen 42, 22848 Norderstedt

Imprint

Publisher: BABADADA GmbH, Nedderfeld 112 , 22529 Hamburg, Germany

Managing Director / Publishing direction: Harald Hof

Print: Books on Demand GmbH, In de Tarpen 42, 22848 Norderstedt, Germany

школа
shkolla

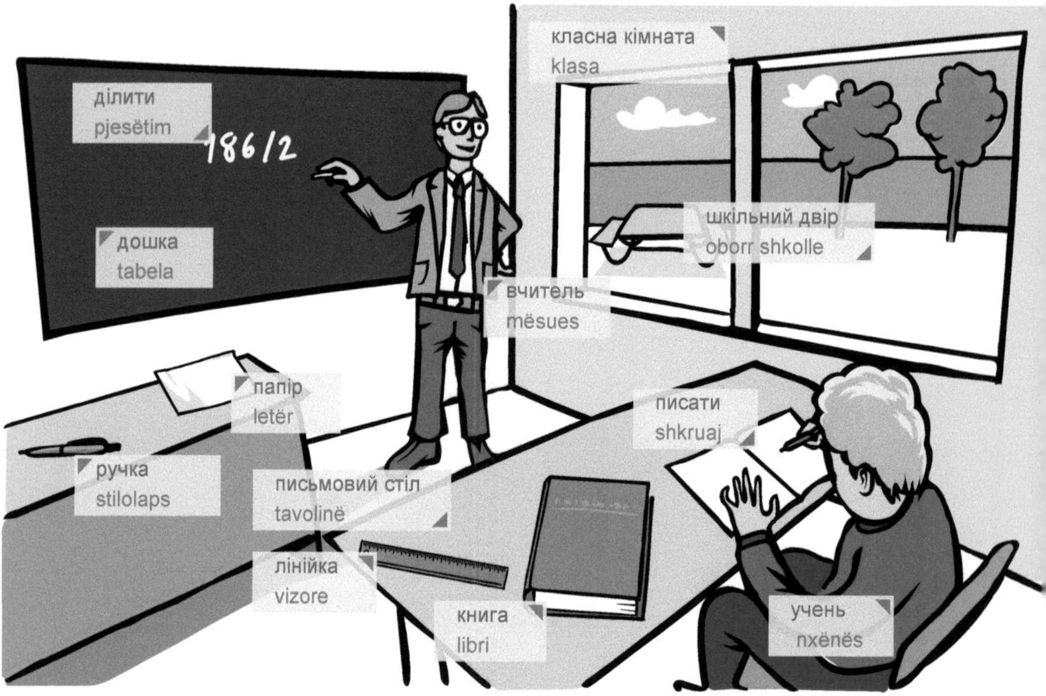

класна кімната
klasa
ділити
pjesëtim
186/2
дошка
tabela
вчитель
mësues
шкільний двір
oborr shkolle
папір
letër
писати
shkruaj
ручка
stilolaps
письмовий стіл
tavolinë
лінійка
vizore
книга
libri
учень
nxënës

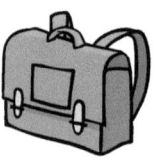

ранець
çantë

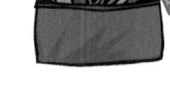

пенал
mbajtëse lapsash

олівець
laps

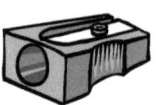

точило
mprehës lapsash

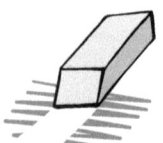

гумка
gomë

альбом для малювання
fletore vizatimi

малюнок

vizatim

пензель

penel

коробка фарб

kuti bojërash

ножиці

gërshërë

клей

ngjitës

зошит

fletore detyrash

домашнє завдання

detyrë shtëpie

12

число

numër

2+2

додавати

mbledh

5-2

віднімати

zbres

2×2

множити

shumëzoj

рахувати

llogaris

A

літера

gërmë

ABCDEFG
HIJKLMN
OPQRSTU
VWXYZ

абетка

alfabeti

hello

слово

fjalë

текст

tekst

читати

lexoj

крейда

shkumës

година

mësim

класний журнал

regjistër

екзамен

provim

диплом

çertifikatë

шкільна форма

uniformë shkolle

освіта

arsimim

лексикон

enciklopedia

університет

universitet

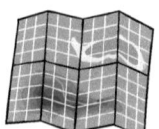

мікроскоп

mikroskop

карта

hartë

кошик для паперу

kosh letrash

подорож
udhëtim

готель
hotel
Grand
турбаза
bujtinë
ROOMS
обмінний пункт
pikë këmbimi valutor
валіза
valixhe
автомобіль
makinë

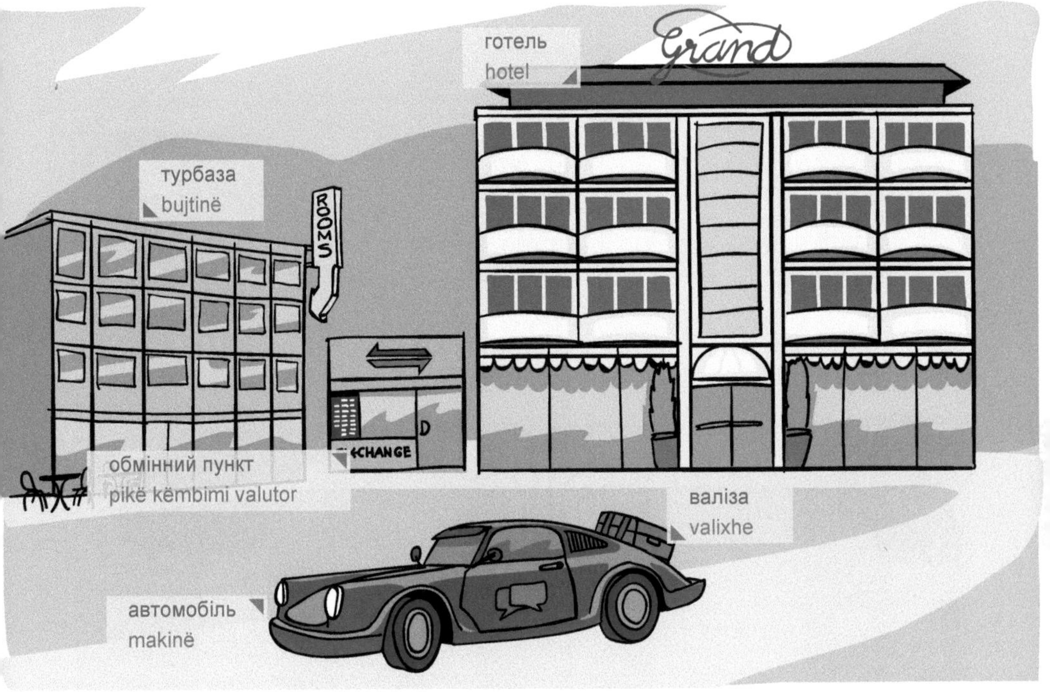

мова

gjuhë

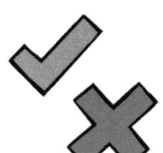

так / ні

po / jo

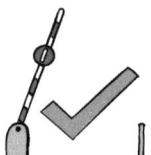

добре

Në rregull

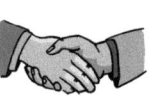

привіт

ç'kemi

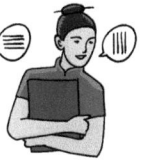

перекладач

përkthyes

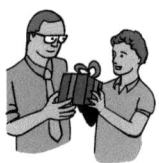

дякую

Faleminderit

Скільки коштує ...?

sa kushton…?

Я не розумію

nuk e kuptoj

проблема

problem

Добрий вечір!

Mirëmbrëma!

Доброго ранку!

Mirëmëngjes!

На добраніч!

Natën e mirë!

До побачення

mirupafshim

напрямок

drejtim

багаж

bagazhet

сумка

çantë

рюкзак

çantë shpine

гість

mysafir

кімната

dhomë

спальний мішок

thes gjumi

намет

tendë

туристична інформація

informacion për turistët

пляж

plazh

кредитна картка

kartë krediti

сніданок

mëngjes

обід

drekë

вечеря

darkë

квиток

Biletë

ліфт

ashensor

поштова марка

pulla

межа

kufi

митниця

doganë

посольство

ambasadë

віза

vizë

паспорт

pasaportë

подорож - udhëtim

транспорт
transport

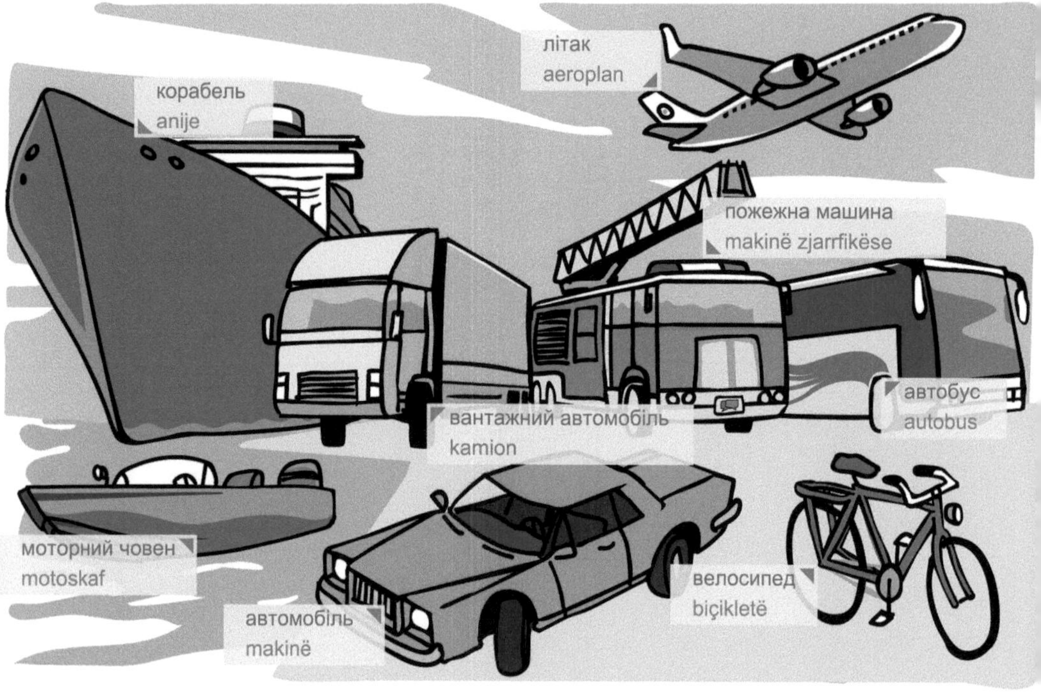

літак
aeroplan
корабель
anije
пожежна машина
makinë zjarrfikëse
автобус
autobus
вантажний автомобіль
kamion
моторний човен
motoskaf
велосипед
biçikletë
автомобіль
makinë

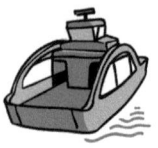

пором

traget

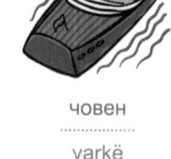

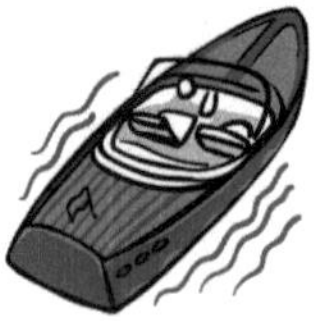

човен

varkë

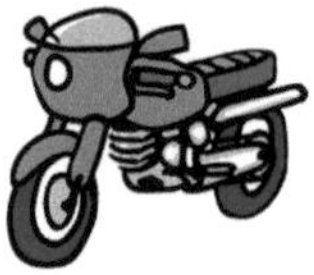

мотоцикл

motoçikletë

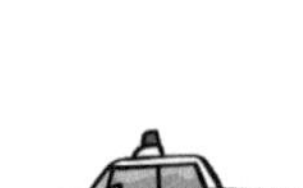

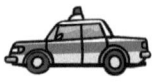

поліцейська машина

makinë policie

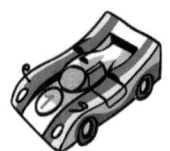

гоночний автомобіль

makinë garash

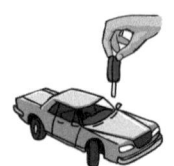

автомобіль на прокат

makinë me qira

спільне користування авто

ndarje e qirasë së makinës

евакуатор

karroatrec

сміттєвоз

makinë plehrash

двигун

motor

паливо

benzinë

автозаправна станція

pikë karburanti

дорожній знак

sinjalistikë trafiku

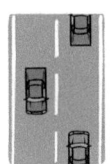

рух

trafik

затор

bllokim trafiku

стоянка

parkim makinash

вокзал

stacion treni

рейки

trase

потяг

tren

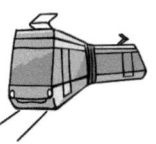

трамвай

tramvaj

вагон

karro

транспорт - transport

гелікоптер

helikopter

аеропорт

aeroport

вежа

kullë

пасажир

pasagjer

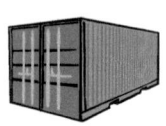

контейнер

kontenier

коробка

kuti kartoni

візок

qerre

кошик

shportë

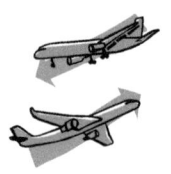

стартувати / приземлятися

ngrihem / ulem

місто

qytet

село

fshat

центр міста

qendra e qytetit

дім

shtëpi

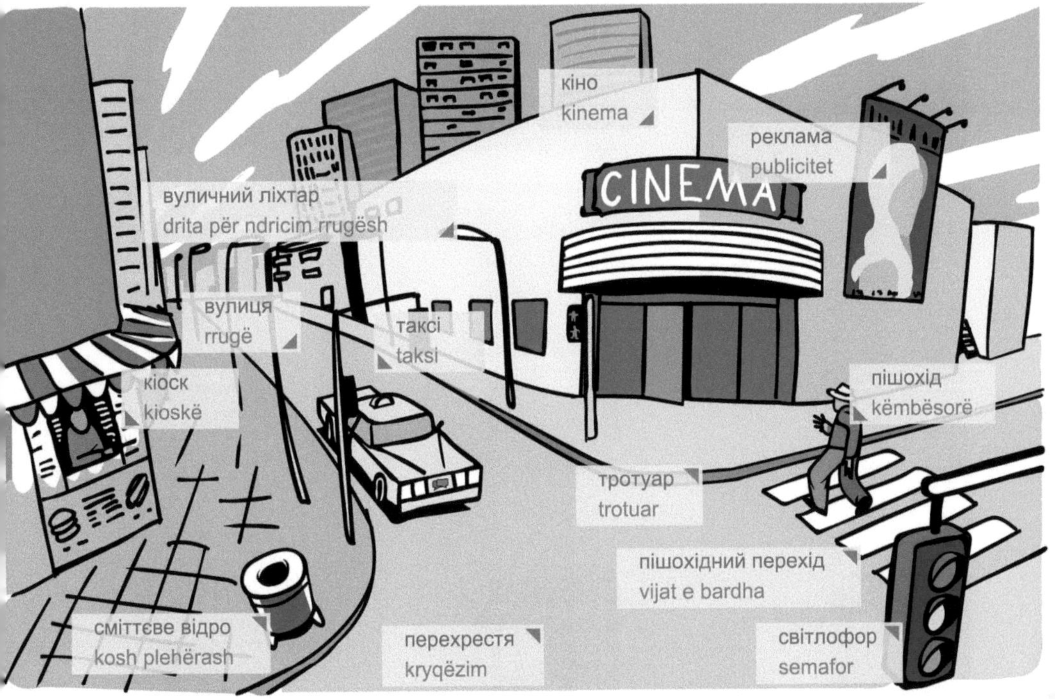

кіно
kinema
реклама
publicitet
CINEMA
вуличний ліхтар
drita për ndricim rrugësh
вулиця
rrugë
таксі
taksi
кіоск
kioskë
пішохід
këmbësorë
тротуар
trotuar
пішохідний перехід
vijat e bardha
сміттєве відро
kosh plehërash
перехрестя
kryqëzim
світлофор
semafor

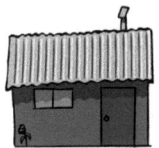

хатина

kasolle

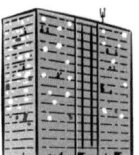

квартира

apartament

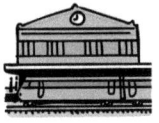

вокзал

stacion treni

ратуша

bashki

MUSEUM

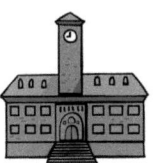

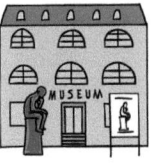

музей

muze

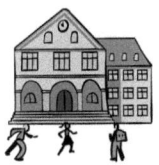

школа

shkolla

університет

universitet

банк

bankë

лікарня

spital

готель

hotel

аптека

farmaci

офіс

zyrë

книжковий магазин

librari

магазин

dyqan

квітковий магазин

dyqan lulesh

супермаркет

supermarket

ринок

market

універмаг

maro

торговець рибою

dyqan peshku

торговельний центр

qëndër tregtare

гавань

port

парк

park

лава

stol

міст

urë

сходи

shkallë

метро

metro

тунель

tunel

автобусна зупинка

stacion autobuzi

бар

bar

ресторан

restorant

поштова скринька

kuti postare

вулична табличка

sinjalistikë rrugore

лічильник паркування

kohëmatës parkimi

зоопарк

kopsht zoologjik

басейн

pishinë

мечеть

xhami

місто - qytet

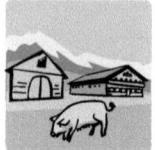

ферма

fermë

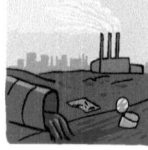

забруднення навколишнього середовища

ndotje

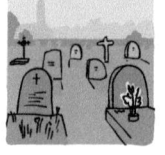

кладовище

varrezë

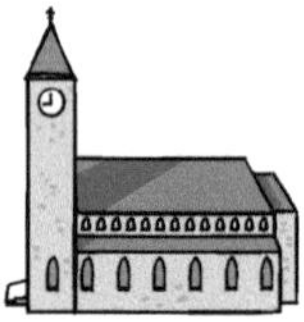

церква

kishë

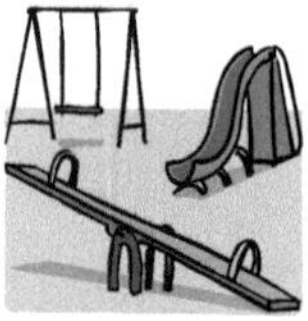

дитячий майданчик

shesh lojërash

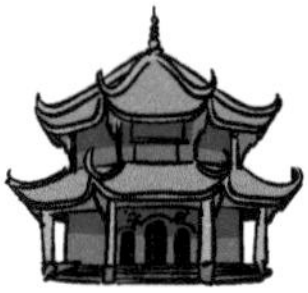

храм

tempull

ландшафт

peisazh

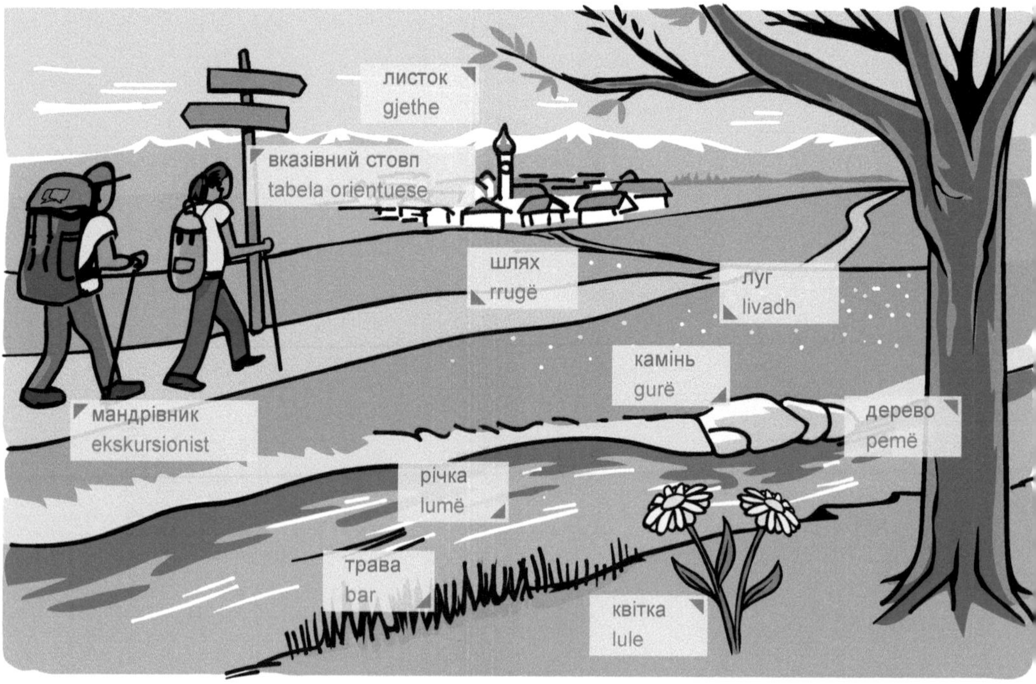
листок
gjethe
вказівний стовп
tabela orientuese
шлях
rrugë
луг
livadh
камінь
gurë
мандрівник
ekskursionist
дерево
pemë
річка
lumë
трава
bar
квітка
lule

долина

luginë

гора

kodër

озеро

liqen

ліс

pyll

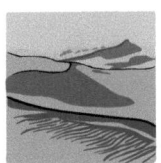

пустеля

shkretëtirë

вулкан

vullkan

замок

kështjellë

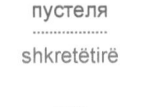

веселка

ylber

гриб

kepudhë

пальма

palmë

комар

mushkonjë

муха

mizë

мурашка

milingonë

бджола

bletë

павук

merimangë

жук

brumbull

жаба

bretkosë

вивірка

ketër

їжак

iriq

заєць

lepur

сова

buf

птах

zog

лебідь

mjellmë

кабан

derr i egër

олень

dre

лось

dre brilopatë

гребля

digë

вітряк

turbinë ere

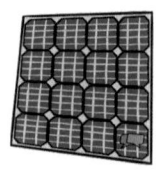

сонячний модуль

panel diellor

клімат

klimë

ресторан
restorant

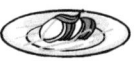

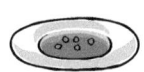

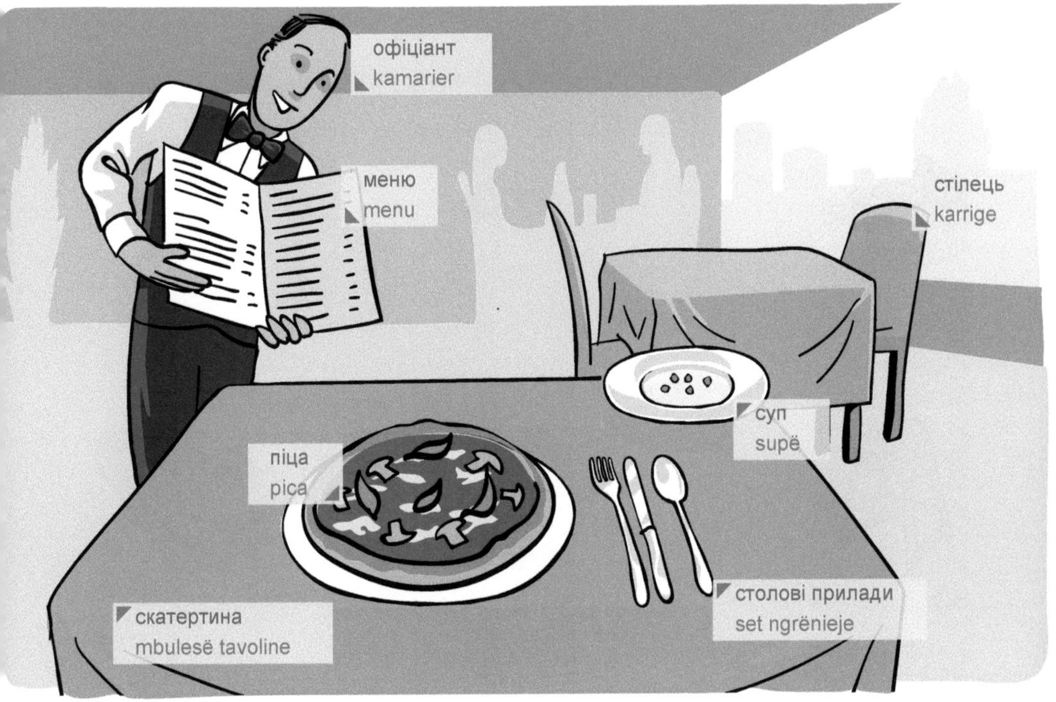
офіціант
kamarier
меню
menu
стілець
karrige
суп
supë
піца
pica
столові прилади
set ngrënieje
скатертина
mbulesë tavoline

закуска

pjatë e parë

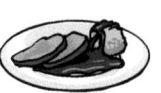

друга страва

pjatë kryesore

десерт

ëmbëlsirë

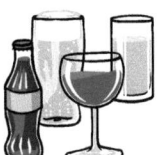

напої

pije

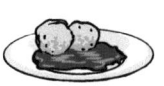

їжа

ushqim

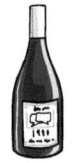

пляшка

shishe

фаст-фуд

ushqim i shpejtë

вулична їжа

ushqim i shërbyer në rrugë

чайник

ibrik çaji

цукорниця

kuti sheqeri

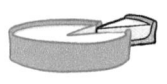

порція

racion

еспресо-машина

makinë kafeje ekspres

високий стільчик

karrige e lartë

рахунок

faturë

піднос

tabaka

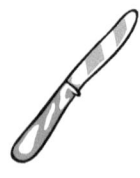

ніж

thika

вилка

pirun

ложка

lugë

чайна ложка

lugë çaji

серветка

pecetë

склянка

gotë

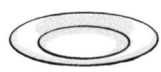

тарілка

pjatë

тарілка для супу

pjatë supe

блюдце

pjatë filxhani

соус

salcë

солонка

mbajtëse kripe

млин для перцю

mulli piperi

оцет

uthull

масло

vaj

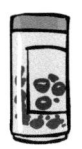

спеції

erëza

кетчуп

keçap

гірчиця

mustardë

майонез

majonezë

супермаркет

supermarket

пропозиція
ofertë speciale
FOR
клієнт
klient
молочні продукти
produkte bulmeti
фрукти
frut
візок для покупок
karrocë pazari

BUTCHERS

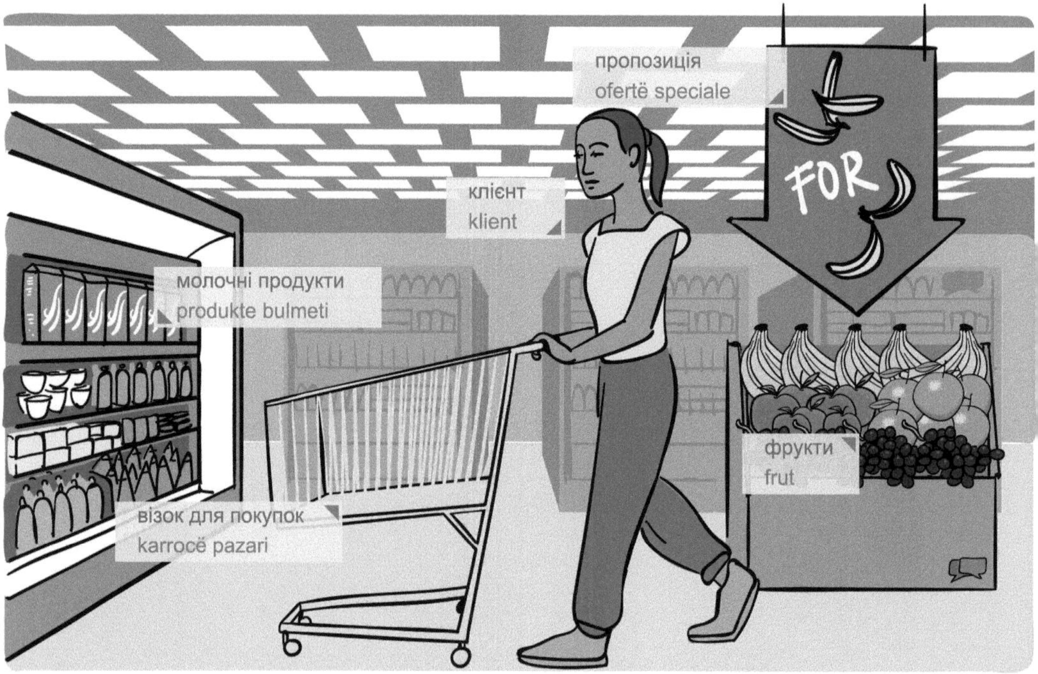

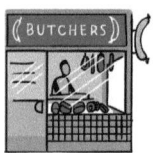

м'ясний магазин

dyqan mishi

BAKERY

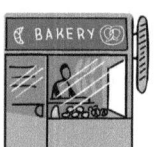

пекарня

furrë buke

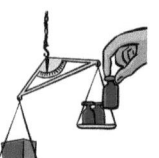

зважувати

peshoj

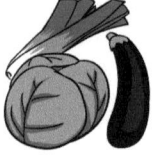

овочі

perime

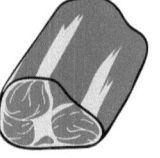

м'ясо

mish

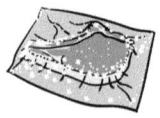

заморожені продукти

ushqim i ngrirë

ковбасна нарізка

copë

консерви

ushqim i konservuar

пральний порошок

pluhur larës

солодощи

ëmbëlsirat

предмети домашнього побуту

prodhime shtëpie

мийний засіб

produkte pastrimi

продавщиця

shitëse

каса

kasë fiskale

касир

arkëtar

список покупок

listë blerjeje

часи роботи

oraret e punës

гаманець

portofol

кредитна картка

kartë krediti

сумка

çantë

поліетиленовий пакет

qese plastike

вода

ujë

сік

lëng frutash

молоко

qumësht

кола

koka-kola

вино

verë

пиво

birrë

алкоголь

alkool

какао

kakao

чай

çaj

кава

kafe

еспресо

kafe ekspres

капучіно

kapuçino

банан

banane

яблуко

mollë

апельсин

portokalle

кавун

pjepër

лимон

limon

морква

karrotë

часник

hudhër

бамбук

bambu

цибуля

qepë

гриб

kërpudha

горішки

arra

локшина

makarona

спагеті

spageti

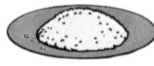

рис

oriz

салат

sallatë

картопля фрі

patate të skuqura

смажена картопля

patate të skuqura

піца

pica

гамбургер

hamburger

бутерброд

sanduiç

шніцель

shnicel

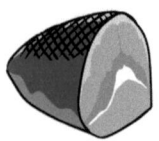

шинка

proshutë

салямі

sallam

ковбаса

salçiçe

курка

pulë

печеня

skuq

риба

peshk

вівсяні пластівці

tërshërë

мюслі

drithëra

кукурудзяні пластівці

kornfleiks

борошно

miell

круасан

kruasant

булочка

panine

хліб

bukë

тостовий хліб

tost

печиво

biskotë

масло

gjalp

сир

gjizë

пиріг

tortë

яйце

vezë

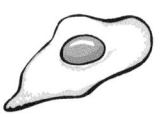

яєчня

vezë sy

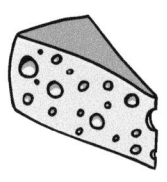

сир

djathë

морозиво

akullore

цукор

sheqer

мед

mjaltë

мармелад

marmaladë

нуга-крем

çokokrem

карі

këri

ферма
fermë

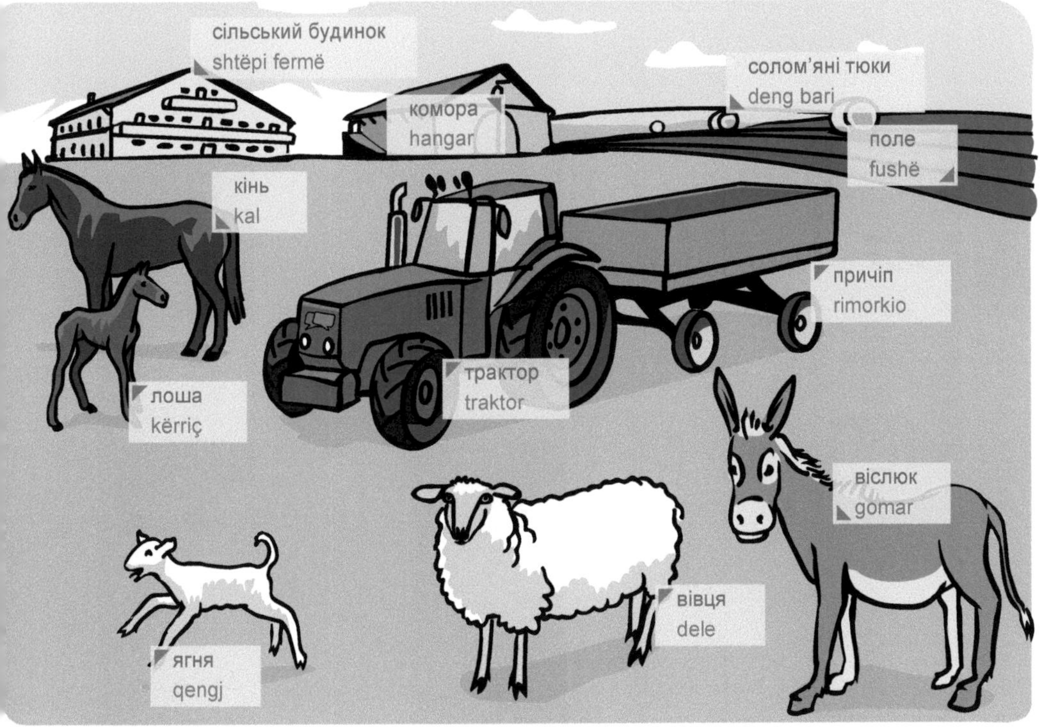

сільський будинок
shtëpi fermë
комора
hangar
солом'яні тюки
deng bari
поле
fushë
кінь
kal
причіп
rimorkio
трактор
traktor
лоша
kërriç
віслюк
gomar
вівця
dele
ягня
qengj

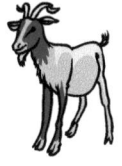

коза
dhi

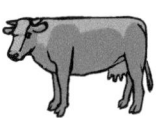

корова
lopë

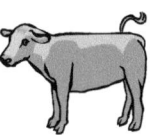

теля
viç

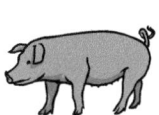

свиня
derr

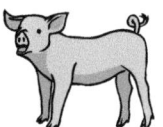

порося
derrkuc

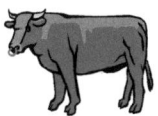

бик
dem

гусак

patë

качка

rosë

курча

zog pule

курка

pulë

півень

gjel

щур

mi

кіт

mace

миша

mi

віл

buall

собака

qen

собача будка

kolibe qeni

садовий шланг

zorrë vaditëse

лійка

vaditëse

коса

kosë

плуг

plug

ферма - fermë

серп

drapër

мотика

shat

вила

kosa

сокира

sëpatë

тачка

karrocë

корито

govatë

бідон молока

bidon qumështi

мішок

thes

паркан

gardh

хлів

ahur

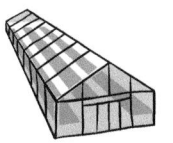

теплиця

serë

ґрунт

dhe

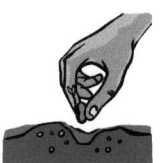

насіння

farë

добриво

pleh

комбайн

autokombanjë

пожинати

korr

урожай

te korrat

корінь ямсу

patate e ëmbël "Yam"

пшениця

grurë

соя

soja

картопля

patate

кукурудза

misër

ріпак

raps

плодове дерево

pemë frutore

маніок

zhardhok manioku

злаки

drithëra

дім
shtëpi

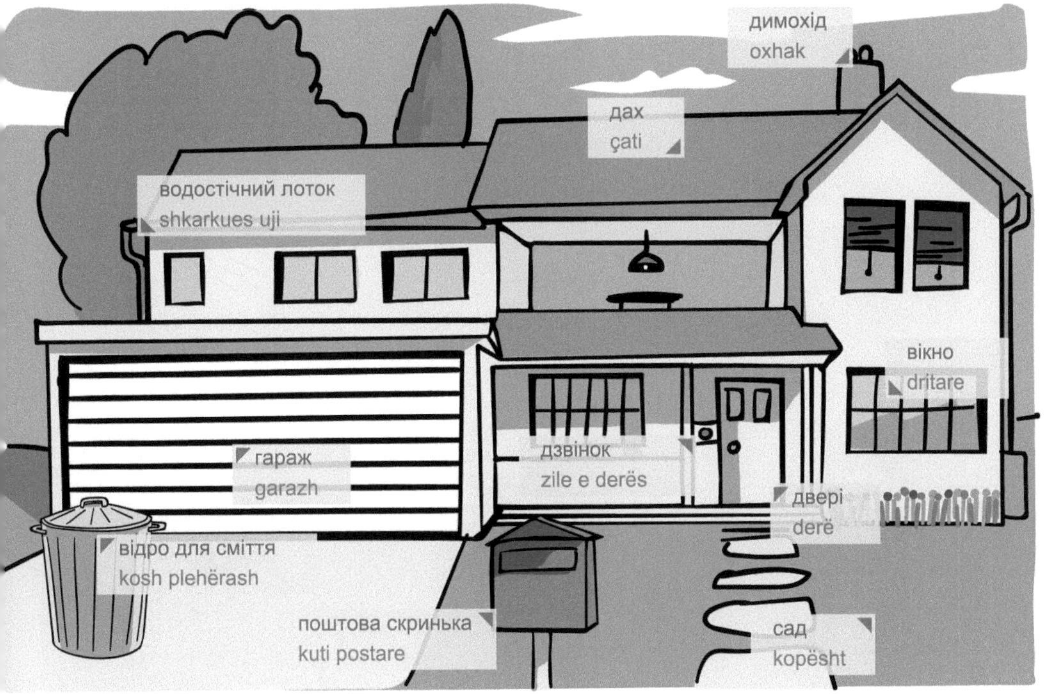
димохід
oxhak
дах
çati
водостічний лоток
shkarkues uji
вікно
dritare
гараж
garazh
дзвінок
zile e derës
двері
derë
відро для сміття
kosh plehërash
поштова скринька
kuti postare
сад
kopësht

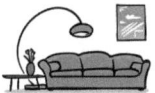

вітальня

dhomë ndenjeje

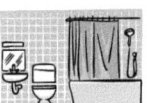

ванна кімната

tualet

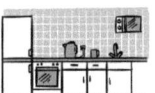

кухня

kuzhinë

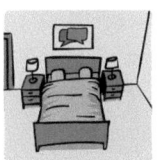

спальня

dhomë gjumi

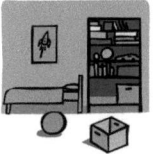

дитяча кімната

dhomë fëmijësh

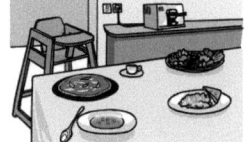

їдальня

dhomë ngrënieje

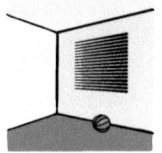

підлога

dysheme

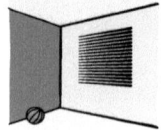

стіна

mur

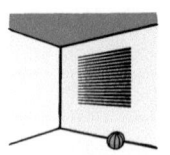

стеля

tavan

підвал

bodrum

сауна

sauna

балкон

ballkon

тераса

tarracë

басейн

pishinë

косарка

kositëse bari

простирало

çarçaf

ковдра

kuvertë

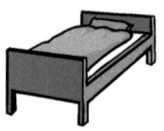

ліжко

krevat

мітла

fshesë dore

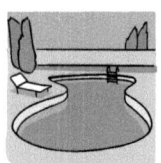

відро

kovë

перемикач

çelës

вітальня

dhomë ndenjeje

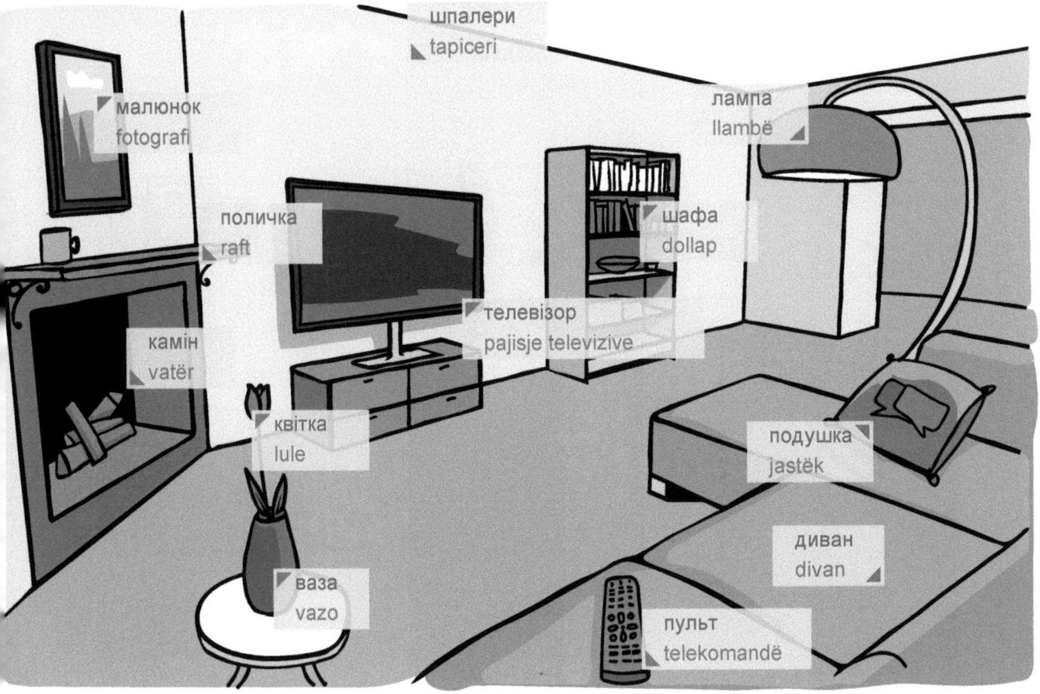

шпалери
tapiceri
малюнок
fotografi
лампа
llambë
поличка
raft
шафа
dollap
телевізор
pajisje televizive
камін
vatër
квітка
lule
подушка
jastëk
диван
divan
ваза
vazo
пульт
telekomandë

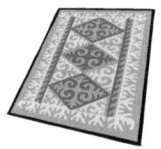

килим

qilim

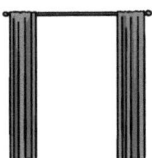

завіса

perde

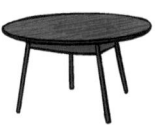

стіл

tavolinë

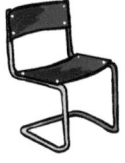

стілець

karrige

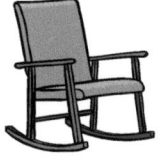

крісло-гойдалка

karrige lëkundëse

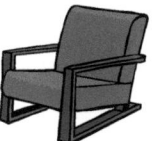

крісло

kolltuk

книга

libri

ковдра

batanije

прикраса

zbukurime

дрова

dru zjarri

фільм

film

стереосистема

stereo

ключ

çelës

газета

gazetë

картина

pikturë

плакат

afishe

радіо

radio

блокнот

bllok shënimesh

пилосос

fshesë me korent

кактус

kaktus

свічка

qiri

кухня
kuzhinë

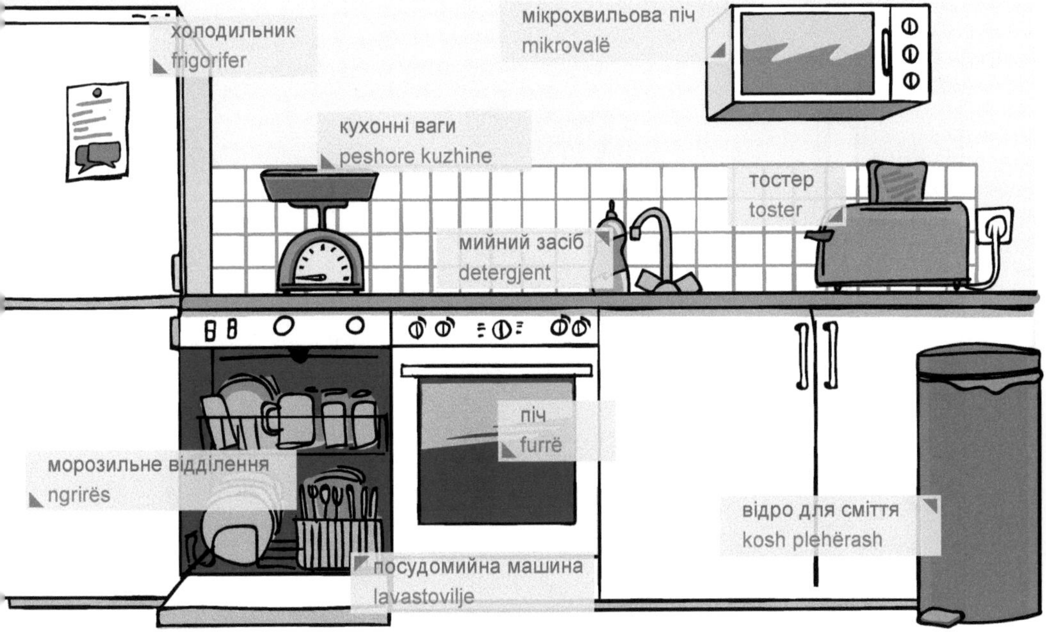
холодильник
frigorifer
мікрохвильова піч
mikrovalë
кухонні ваги
peshore kuzhine
тостер
toster
мийний засіб
detergjent
піч
furrë
морозильне відділення
ngrirës
відро для сміття
kosh plehërash
посудомийна машина
lavastovilje

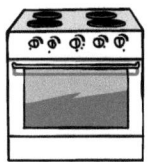

плита

sobë

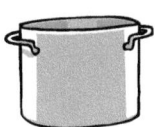

горщик

tenxhere

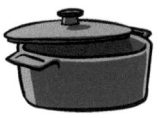

чавунний горщик

tenxhere me kapak

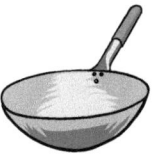

вок / кадай

tigan special (Wok)

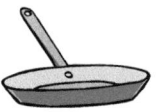

сковорода

tigan

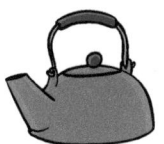

чайник

çajnik

пароварка

tenxhere me avull

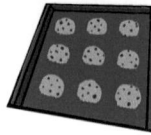

лист

tavë pjekjeje

посуд

enë

кухоль

filxhan

чаша

tas

палички для їжі

shkopinj

черпак

garuzhde

лопатка

spatul

вінчик для збивання

tel kuzhine

сито

kulluese

сито

sitë

терка

rende

ступка

havan

барбекю

skarë

багаття

zjarr

дошка
dërrasë për prerje

качалка
okllai

штопор
heqëse tapash

конзерва
kanaçe

відкривачка
hapëse kanaçeje

прихватки
rrobë për të kapur
tenxheren

раковина
lavaman

щітка
furçë

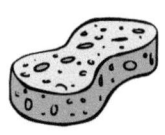

губка
sfungjer

міксер
përzjerës

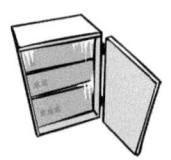

морозильна камера
ngrirës

дитяча пляшка
biberon për lëngje

кран
rubinet

ванна кімната

tualet

опалення
ngrohje
рушник
peshqirë
піниста ванна
vaskë me shkumë
душ
dush
душова завіса
perde dushi
ванна
vaskë
пральна машина
lavatriçe
склянка
gotë
кран
rubinet
плитка
pllaka
горшок
oturak
раковина
lavaman

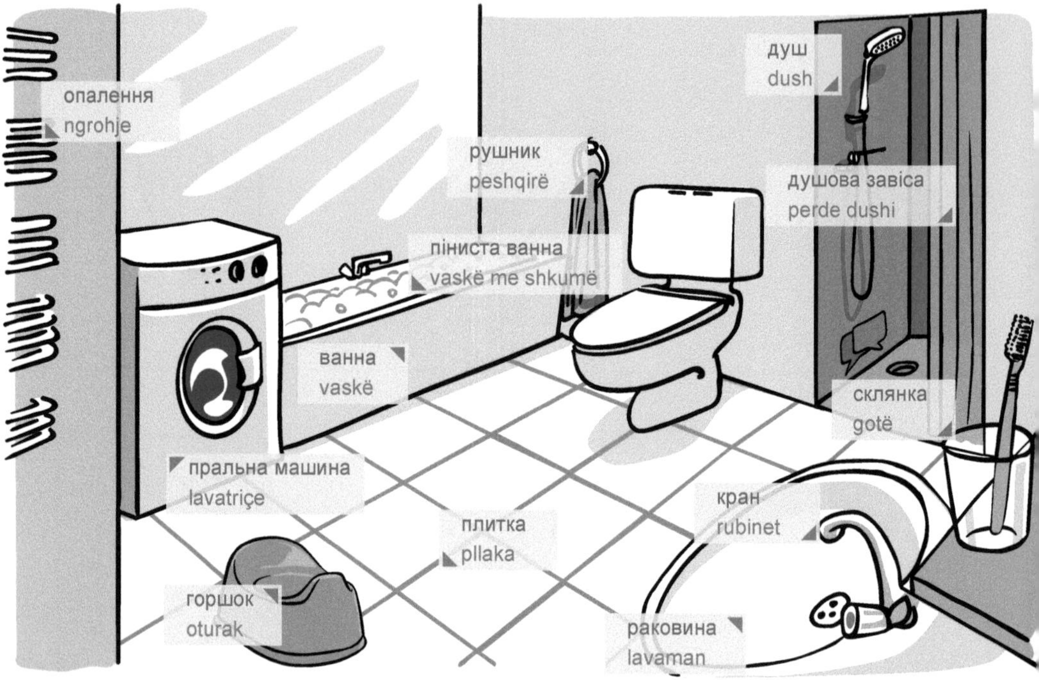

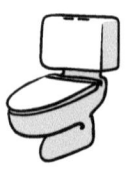

туалет

tualet

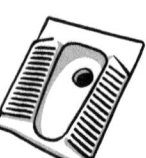

підлоговий туалет

WC e sheshtë

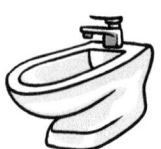

біде

bide

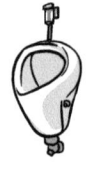

пісуар

tualet publik

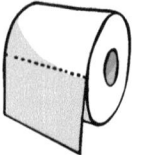

туалетний папір

letër higjienike

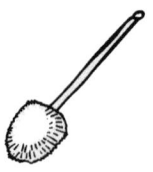

щітка для туалету

furçe për WC

зубна щітка

furçë dhëmbësh

зубна паста

pastë dhëmbësh

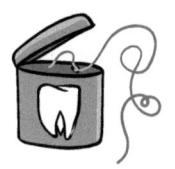

нитка для чищення зубів

fije dentare

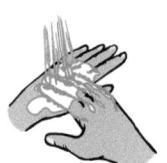

мити

laj

ручний душ

dorezë dushi

інтимний душ

larës për zonën intime

таз

legen

щітка для спини

furçë për masazh shpine

мило

sapun

гель для душу

shampo trupi

шампунь

shampo

мочалка

leckë pastruese

водостік

kullues

крем

krem

дезодорант

antidjersë

дзеркало

pasqyrë

косметичне дзеркало

pasqyrë dore

бритва

brisk rroje

піна для гоління

shkumë rroje

лосьйон після гоління

locion pas rrojes

гребінь

krehër

щітка

furçë

фен

tharëse flokësh

лак для волосся

llak për flokët

косметика

grim

губна помада

buzëkuq

лак для нігтів

manikyr

вата

mbushje pambuku

ножиці для нігтів

gërshërë për thonj

парфум

parfum

косметичка

çantë për sendet personale

табурет

Stol

ваги

peshore

халат

robëdëshambër

гумові рукавички

dorashka gome

тампон

tampon

гігієнічні прокладки

peceta higjienike

біотуалет

tualet I lëvizshëm

дитяча кімната

dhomë fëmijësh

будильник
orë me zile
м'яка іграшка
lodra me pellushë
іграшковий автомобіль
makinë lodër
брязкальце
rraketake
ляльковий будиночок
shtëpi kukullash
подарунок
dhuratë

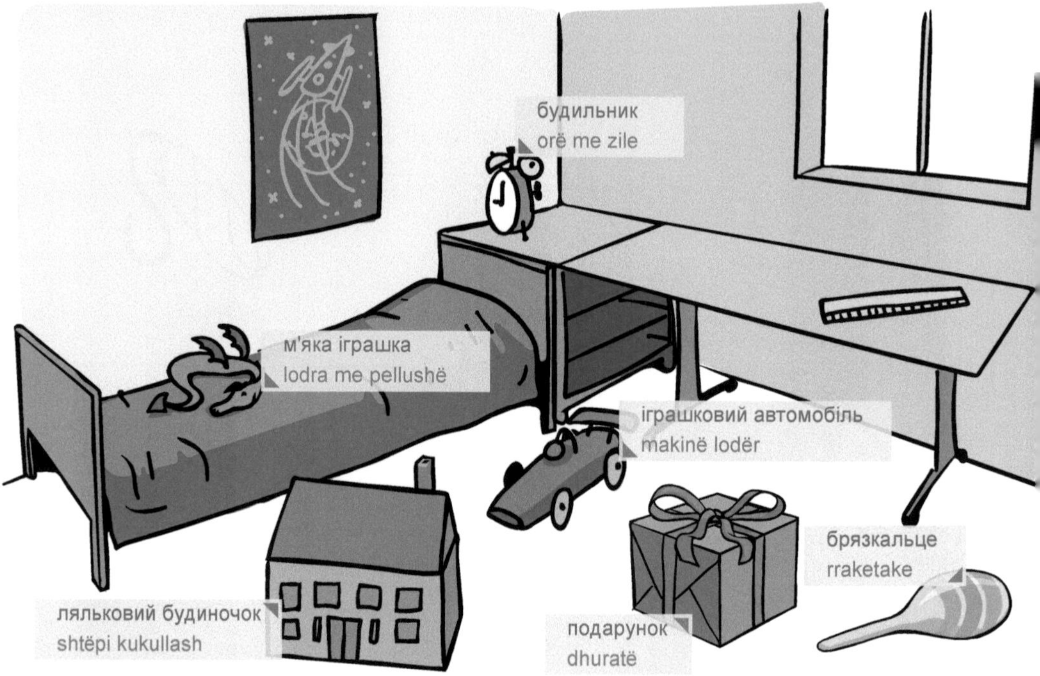

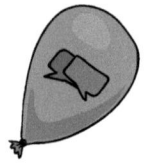

повітряна кулька

tollumbace

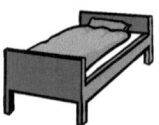

ліжко

krevat

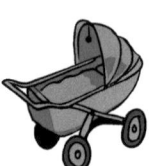

дитячий візок

karrocë fëmijësh

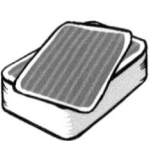

картярська гра

lojë me letra

пазл

bashkim pjesësh me figura

SUPER MEGA

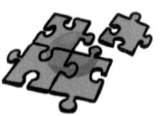

комікс

komik

лего цеглинки

formuese lodër

блоки

kuba plastikë

іграшкова фігурка

lodra

повзунки

badi

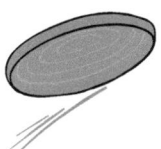

фризбі

frizbi

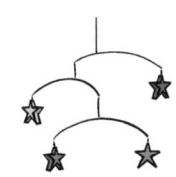

мобіле

lodra të varura tek krevati i fëmijëve

настільна гра

tavolinë lojërash

кубик

zare

модель залізнична станція

model treni

соска

biberon

вечірка

festë

книжка з картинками

libër me ilustrime

м'яч

top

лялька

kukull

грати

luaj

пісочниця

grumbull rëre

гойдалка

kolovarëse

іграшка

lodra

гральна консоль

leva për lojra video

триколісний велосипед

triçikël

плюшевий мішка

arush prej pellushi

шафа

garderobë

одяг

veshje

шкарпетки

çorape

панчохи

çorape të gjata

колготки

geta

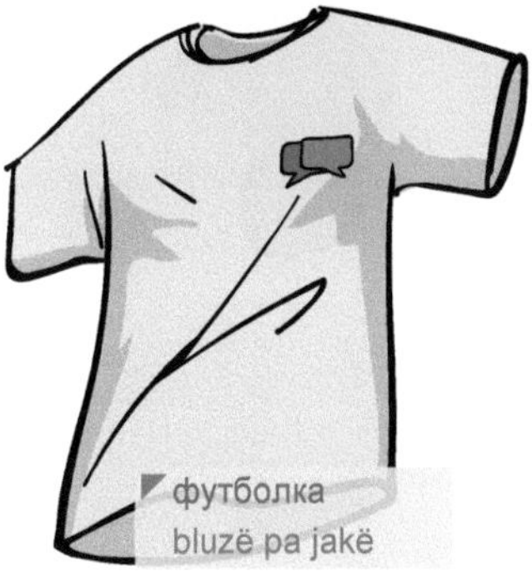

шарф
shall

ремінь
rrip

парасоля
çadër

футболка
bluzë pa jakë

кросівки
atlete

чоботи
çizme

домашнє взуття
pantofla

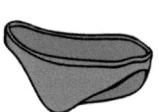
сандалі
sandale

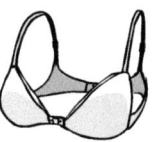
взуття
këpucë

гумові чоботи
çizme llastiku

труси
të mbathura

бюстгальтер
reçipeta

нижня сорочка
kanotierë

боді
trup

штани
pantallona

джинси
xhinse

спідниця
fund

блузка
bluzë

сорочка
këmishë

пуловер
pulovër

светр
triko

піджак
xhaketë

куртка
xhaketë

пальто
pallto

дощовик
mushama shiu

костюм
kostum

сукня
fustan

весільна сукня
fustan nusërie

костюм

kostum

нічна сорочка

këmishë nate

піжама

pizhama

сарі

sari (veshje tradicionale indiane)

головна хустка

shami koke

чалма

çallmë

бурка

veshje për femrat e besimit musliman

кафтан

kaftan (lloj veshjeje tradicionale)

абая

ferexhe

купальник

kostum banje

плавки

rroba banje

шорти

pantallona të shkurtra

тренувальний костюм

tuta sporti

фартух

përparëse

рукавички

dorashka

гудзик

kopsë

окуляри

syze

браслет

byzylyk

ланцюг

gjerdan

кільце

unazë

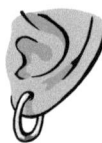

сережка

vath

шапка

kapuç

плічка

varëse për pallto

капелюх

kapele

краватка

kravatë

застібка-блискавка

zinxhir

шолом

helmetë

підтяжки

tiranda

шкільна форма

uniformë shkolle

уніформа

uniformë

нагрудник

gushore

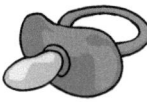

соска

biberon

підгузок

pelenë

офіс

zyrë

сервер
server

шаф для документів
skedar

принтер
printer

монітор
ekran

папір
letër

миша
maus

письмовий стіл
tavolinë

папка
dosje

синтезатор
tastierë

кошик для паперу
kosh letrash

комп'ютер
kompjuter

стілець
karrige

кавовий кухоль

filxhan kafeje

калькулятор

makinë llogaritëse

інтернет

internet

ноутбук
kompjuter portativ

лист
letër

повідомлення
mesazh

мобільний телефон
telefon

мережа
rrjet

копіювальний пристрій
fotokopje

програмне забезпечення
program

телефон
telefon

розетка
prizë

факс
pajisje faksi

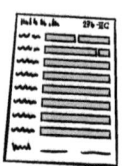

бланк
formular

документ
dokument

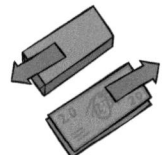

купувати

blej

платити

paguaj

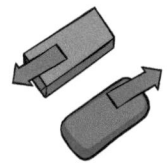

торгувати

tregtoj

гроші

para

долар

dollar

євро

euro

ієна

jen

рубль

rubla

франк

franga zvicerane

юанів женьміньбі

juani kinez

рупія

rupje

банкомат

bankomat

обмінний пункт

pikë këmbimi valutor

золото

ar

срібло

argjend

нафта

nafta

енергія

energji

ціна

çmim

контракт

kontratë

податок

taksë

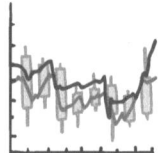

акція

aksione

працювати

punoj

працівник

punonjës

роботодавець

punëdhënës

фабрика

fabrikë

магазин

dyqan

професії
profesionet

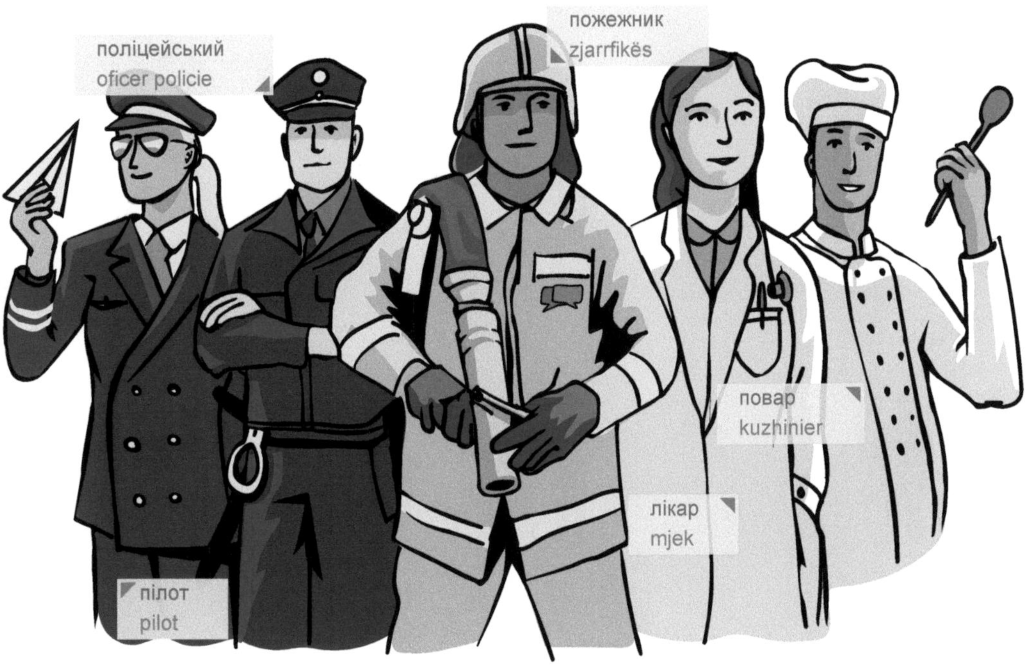
поліцейський
oficer policie
пожежник
zjarrfikës
повар
kuzhinier
лікар
mjek
пілот
pilot

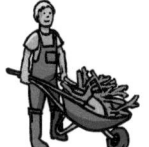

садівник

kopshtar

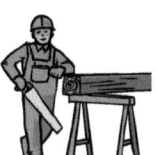

столяр

marangoz

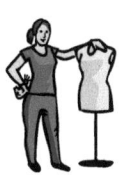

швачка

rrobaqepëse

суддя

gjykatës

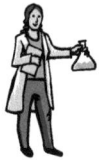

хімік

kimist

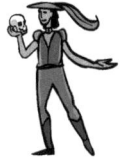

актор

aktor

водій автобуса

shofer autobuzi

таксист

taksist

рибалка

peshkatar

прибиральниця

pastruese

покрівельник

riparues çatish

офіціант

kamarier

мисливець

gjuetar

художник

piktor

пекар

furrxhi

електрик

elektriçist

будівельник

ndërtues

інженер

inxhinier

забійник

kasap

бляхар

hidraulik

листоноша

postieri

солдат

ushtar

архітектор

arkitekt

касир

arkëtar

флорист

luleshitës

перукар

berber

кондуктор

kontrollor

механік

mekanik

капітан

kapiten

дантист

dentist

вчений

shkencëtar

рабин

rabin

імам

imam

монах

murg

пастор

klerik

інструменти
mjete

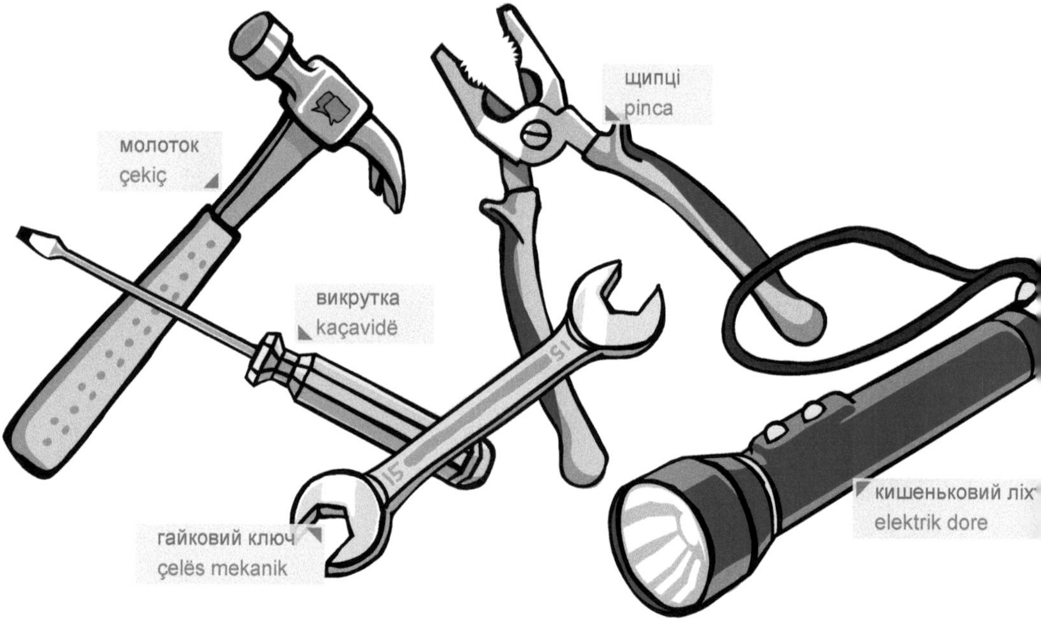
молоток
çekiç
щипці
pinca
викрутка
kaçavidë
гайковий ключ
çelës mekanik
кишеньковий ліх
elektrik dore

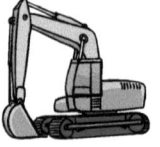

екскаватор

ekskavator

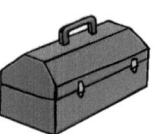

ящик для інструментів

kuti veglash

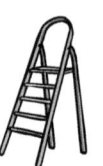

драбина

shkallë

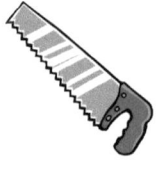

пилка

sharrë

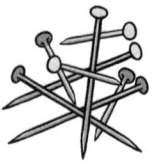

цвяхи

gozhdë

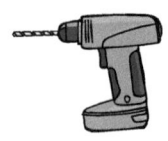

свердло

trapan

ремонтувати

riparoj

лопата

lopatë

лайно!

Dreq!

совок

kaci

відро з фарбою

kuti boje

гвинти

vidhë

музичні інструменти
instrumenta muzikorë

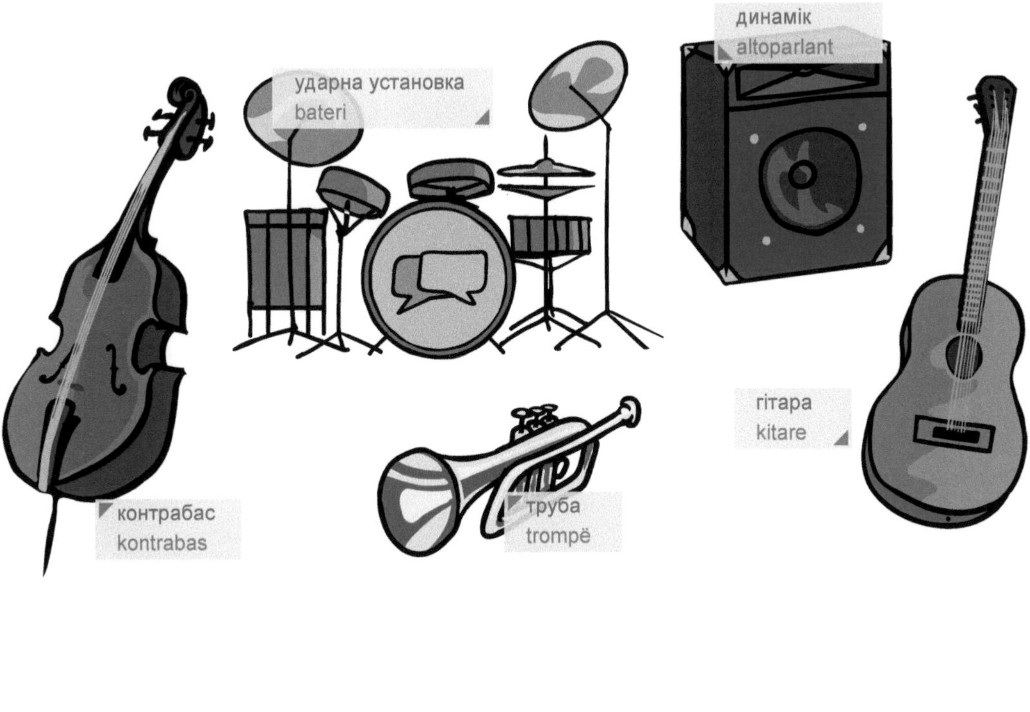

ударна установка
bateri

динамік
altoparlant

контрабас
kontrabas

труба
trompë

гітара
kitare

фортепіано

piano

скрипка

violinë

бас

bas

литаври

tamburë

барабан

daulle

клавіатура

tastierë pianoje

саксофон

saksofon

флейта

flaut

мікрофон

mikrofon

зоопарк
kopsht zoologjik

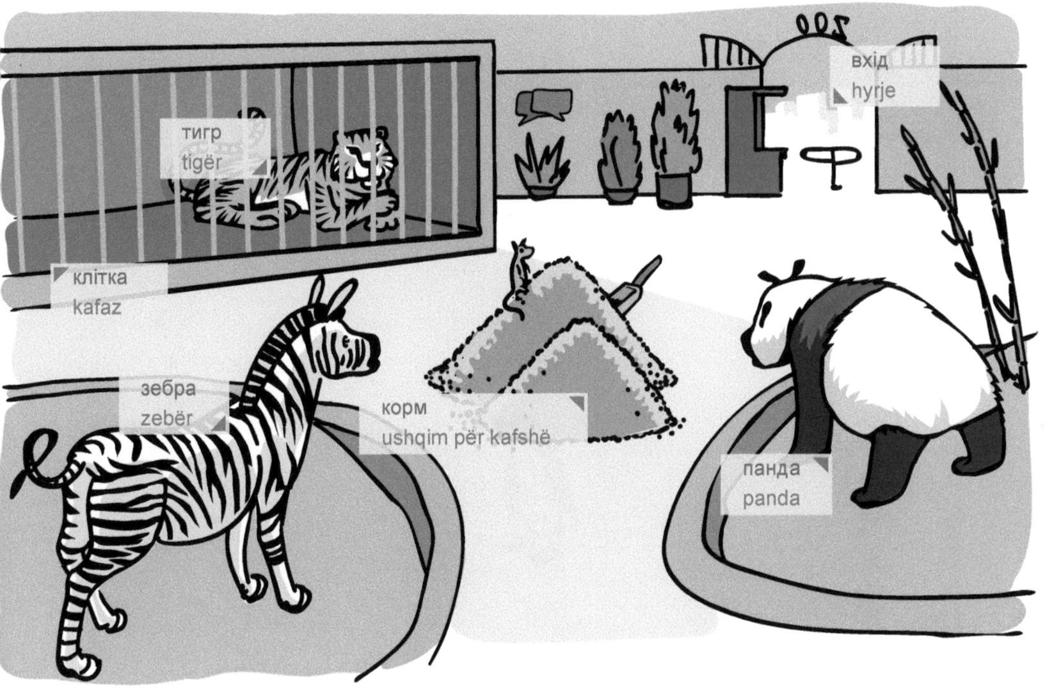
вхід
hyrje
тигр
tigër
клітка
kafaz
зебра
zebër
корм
ushqim për kafshë
панда
panda

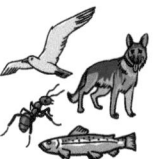

тварини

kafshë

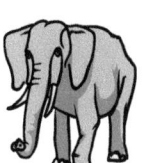

слон

elefant

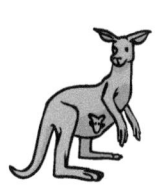

кенгуру

kangur

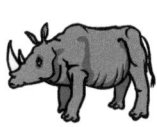

носоріг

rinoceront

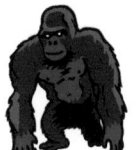

горила

gorillë

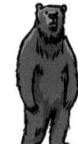

ведмідь

ari

верблюд

deve

страус

struc

лев

luan

мавпа

majmun

фламінго

flamingo

папуга

papagall

білий ведмідь

ari polar

пінгвін

pinguin

акула

peshkaqen

павич

pallua

змія

gjarpër

крокодил

krokodil

працівник зоопарку

punonjës i kopshtit zoologjik

тюлень

fokë

ягуар

xhaguar

поні

poni

леопард

leopard

гіпопотам

hipopotam

жираф

gjirafë

орел

shqiponjë

кабан

derr i egër

риба

peshk

черепаха

breshkë

морж

lopë deti

лисиця

dhelpër

газель

gazelë

зоопарк - kopsht zoologjik

спорт
sportet

американський футбол
futboll amerikan

їзда на велосипеді
çiklizëm

теніс
tenis

баскетбол
basketboll

плавання
not

бокс
boks

хокей
hokej mbi akull

футбол
futboll

бадмінтон
badminton

легка атлетика
atletikë

гандбол
hendboll

лижні перегони
ski

поло
polo

дії

aktivitet

сміятися
qesh
стрибати
hidhem
обіймати
përqafoj
йти
eci
співати
këndoj
мріяти
ëndërroj
молитися
lutem
цілувати
puth

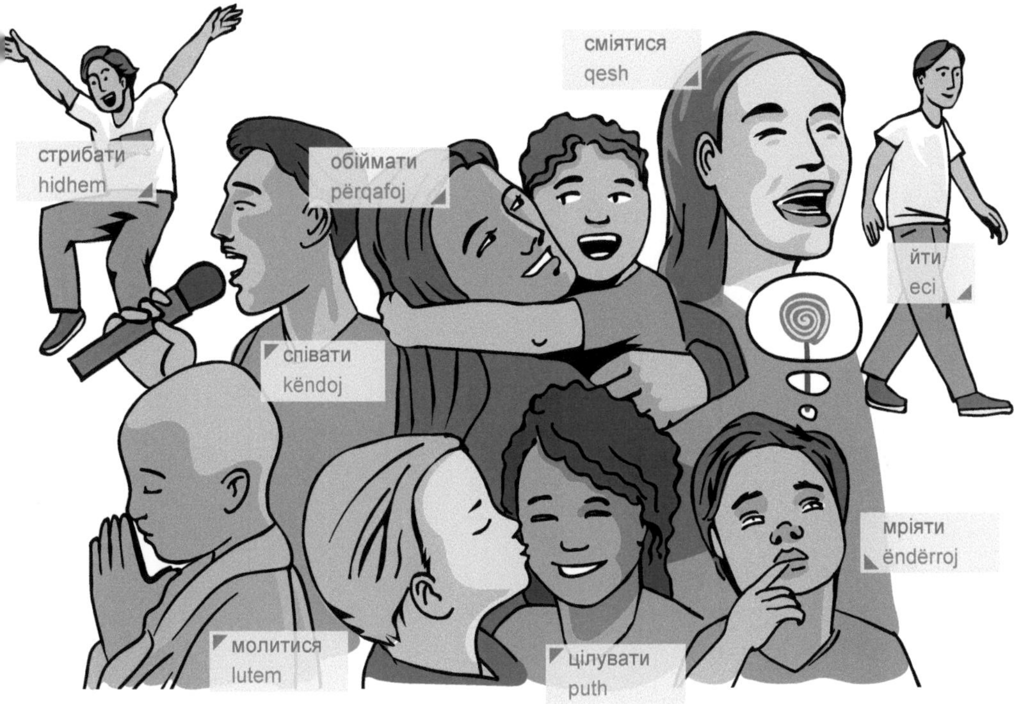

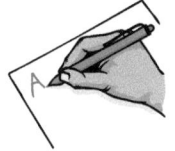

писати

shkruaj

малювати

vizatoj

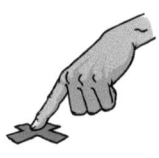

показувати

tregoj

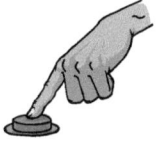

тиснути

shtyj

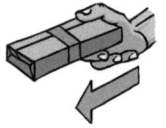

давати

jap

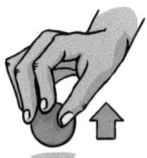

брати

marr

мати

kam

робити

bëj

бути

jam

стояти

qëndroj

бігати

vrapoj

тягнути

tërheq

кидати

hedh

падати

bie

лежати

shtrihem

очікувати

pres

носити

mbaj

сидіти

ulem

одягати

vishem

спати

fle

просипатися

zgjohem

дивитися

shikoj

плакати

qaj

гладити

përkëdhel

розчісувати

kreh

розмовляти

bisedoj

розуміти

kuptoj

питати

kërkoj

слухати

dëgjoj

пити

pi

їсти

ha

прибирати

sistemoj

любити

dashuroj

варити

gatuaj

їхати

drejtoj makinën

літати

fluturoj

йти під вітрилом

lundroj

рахувати

llogaris

читати

lexoj

вчитися

mësoj

працювати

punoj

одружуватися

martohem

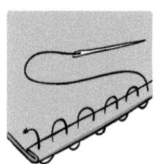

шити

qep

чистити зуби

laj dhëmbët

убивати

vras

курити

tymos

посилати

dërgoj

сім'я

familje

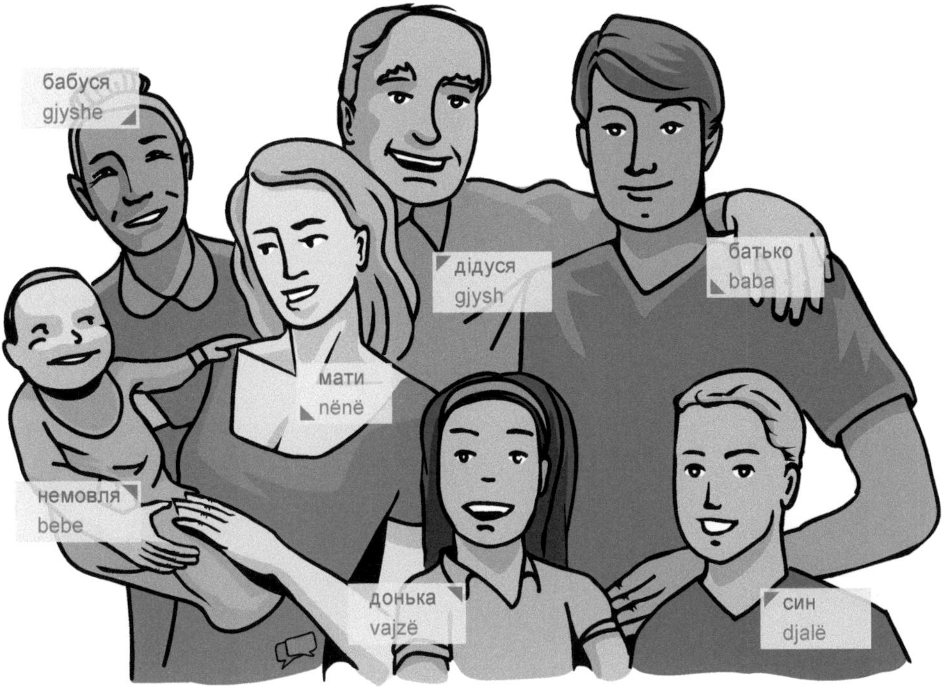
бабуся
gjyshe
дідуся
gjysh
батько
baba
мати
nënë
немовля
bebe
донька
vajzë
син
djalë

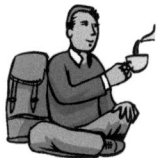

гість

mysafir

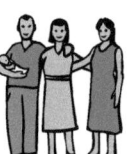

тітка

teze, hallë

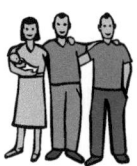

дядько

dajë, xhaxha

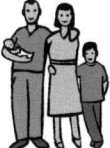

брат

vëlla

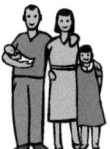

сестра

motër

тіло
trupi

чоло
balli
око
syri
плече
shpatulla
палець
gishti
обличчя
fytyra
підборіддя
mjekra
кисть
dora
нога
këmba
груди
krahërori
рука
krahu

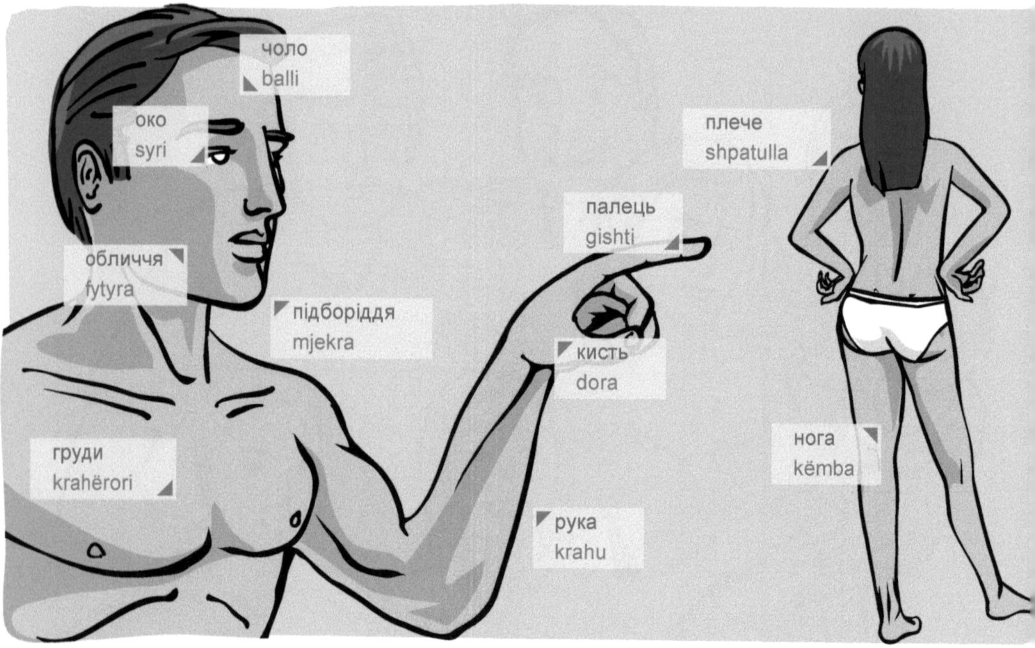

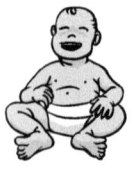

немовля

bebe

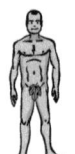

чоловік

burrë

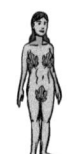

жінка

grua

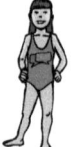

дівчина

vajzë

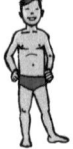

хлопчик

djalë

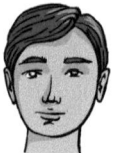

голова

koka

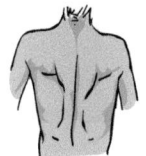

спина

shpina

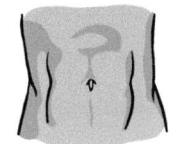

живіт

barku

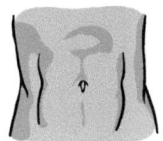

пуп

kërthiza

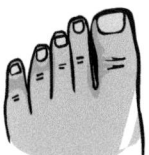

палець ноги

gisht kёmbe

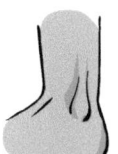

п'ята

Thembra

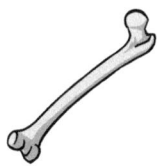

кістка

kockё

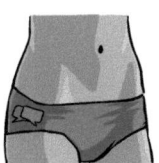

стегно

legeni

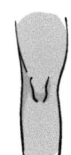

коліно

gjuri

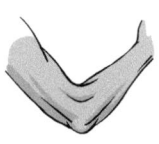

лікоть

bёrryli

ніс

hunda

сідниці

vithe

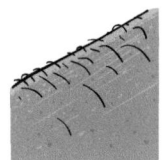

шкіра

lёkura

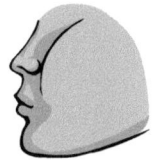

щока

faqja

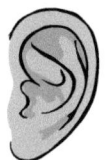

вухо

veshi

губа

buza

тіло - trupi

рот

goja

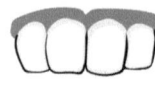

зуб

dhëmbët

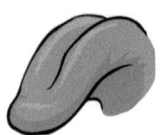

язик

gjuha

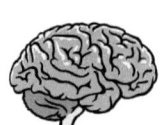

мозок

truri

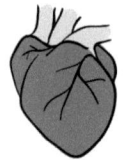

серце

zemra

м'яз

muskul

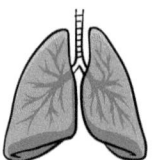

легені

mushkëria

печінка

mëlçia

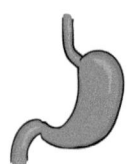

шлунок

stomaku

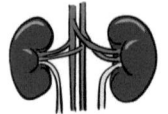

нирки

veshka

статевий акт

seks

презерватив

prezervativ

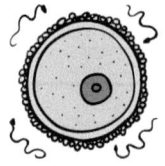

яйцеклітина

veza

сперма

sperma

вагітність

shtatëzani

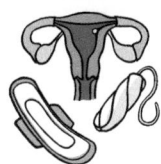

менструація

menstruacione

вагіна

vagina

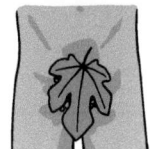

пеніс

penis

брова

vetulla

волосся

flokët

шия

qafa

тіло - trupi

лікарня
spital

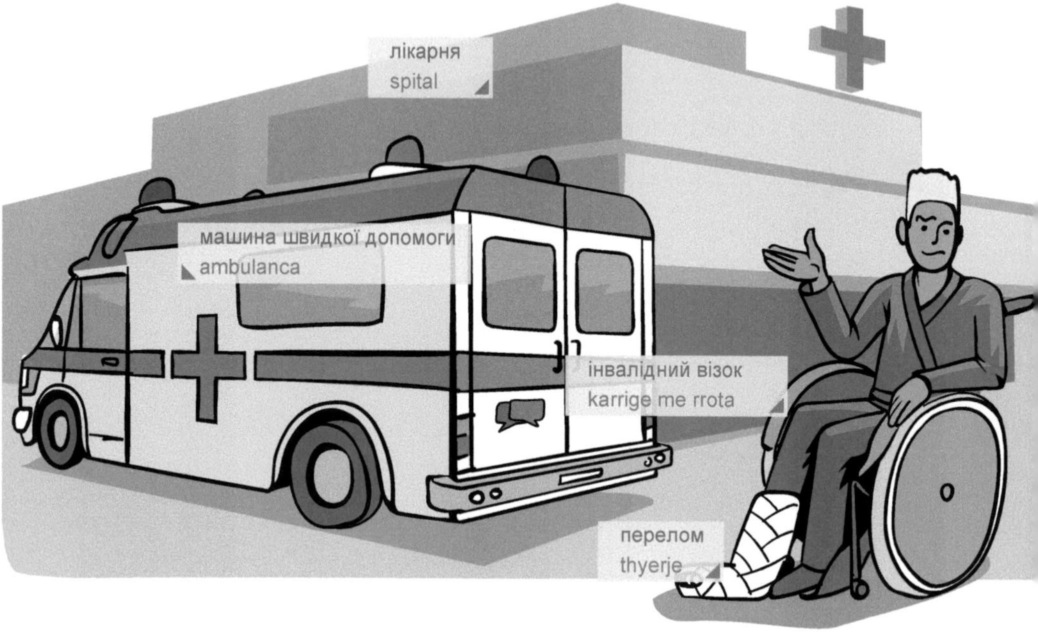

лікарня
spital

машина швидкої допомоги
ambulanca

інвалідний візок
karrige me rrota

перелом
thyerje

лікар
mjek

відділення швидкої
медичної допомоги
sallë urgjencash

медсестра
infermiere

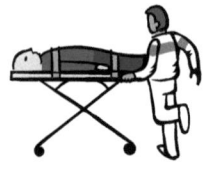

аварійний випадок
emergjencë

непритомний
i pandërgjegjshëm

біль
dhimbje

травма

dëmtim

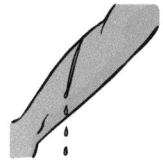

кровотеча

gjakosje

інфаркт

infarkt

інсульт

goditje

алергія

alergji

кашель

kolla

лихоманка

ethe

грип

grip

пронос

diarre

головна біль

dhimbje koke

рак

kancer

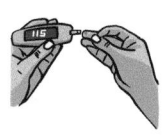

діабет

diabet

хірург

kirurg

скальпель

bisturi

операція

operacion

КТ

CT (skaner)

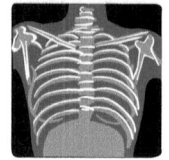

рентген

radiografi

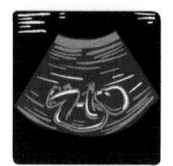

ультразвук

ultratingull

маска

maskë fytyre

хвороба

sëmundje

зал очікування

dhomë pritjeje

милиця

paterica

пластир

leukoplast

пов'язка

fasho

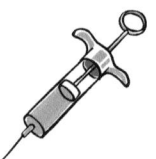

ін'єкція

injeksion

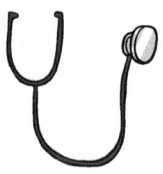

стетоскоп

stetoskop

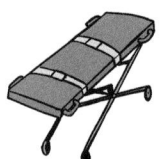

ноші

barelë

термометр

termometër

народження

lindje

надмірна вага

mbipeshë

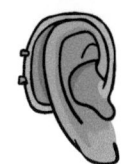

слуховий апарат

aparat dëgjimi

дезінфікуючий засіб

dezinfektant

інфекція

infeksion

вірус

virus

ВІЛ / СНІД

HIV / AIDS

медицина

mjekësi, mjekim

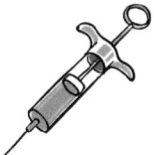

вакцинація

vaksinim

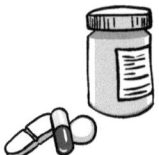

таблетки

tableta

протизаплідна пігулка

pilulë

екстрений виклик

telefonatë emergjence

тонометр

aparat tensioni

хворий / здоровий

i sëmurë / i shëndetshëm

Допоможіть!

Ndihmë!

сигнал тривоги

alarm

напад

sulm

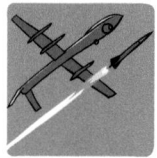

атака

atak

небезпека

rrezik

аварійний вихід

dalje emergjence

Вогонь!

Zjarr!

вогнегасник

fikëse zjarri

аварія

aksident

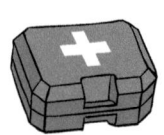

аптечка

kuti e ndimës së shpejtë

СОС

SOS

поліція

policia

Європа

Europa

Північна Америка

Amerika e Veriut

Південна Америка

Amerika e Jugut

Африка

Afrika

Азія

Azia

Австралія

Australia

Атлантика

Atlantiku

Тихий океан

Paqësori

Індійський океан

Oqeani Indian

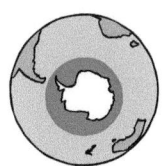

Антарктичний океан

Oqeani Antarktik

Північний Льодовитий
океан

Oqeani Arktik

Північний полюс

Poli i veriut

Південний полюс

Poli i Jugut

Антарктика

Antarktida

Земля

toka

суша

tokë

море

det

острів

ishull

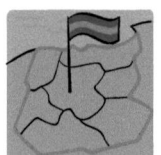

нація

komb

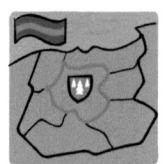

держава

shtet

циферблат

fusha e orës

годинникова стрілка

akrepi i orës

хвилинна стрілка

akrepi i minutave

секундна стрілка

akrepi i sekondave

Котра година?

Sa është ora?

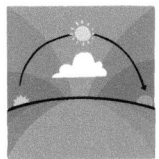

день

ditë

час

kohë

зараз

tani

цифровий годинник

orë dixhitale

хвилина

minutë

година

orë

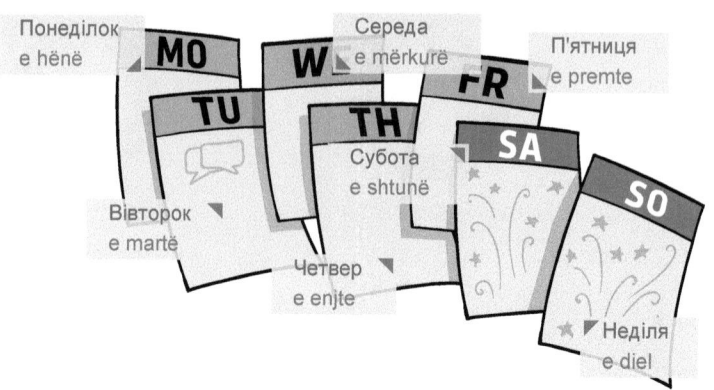

Понеділок
e hënë

Середа
e mërkurë

П'ятниця
e premte

Вівторок
e martë

Четвер
e enjte

Субота
e shtunë

Неділя
e diel

вчора

dje

сьогодні

sot

завтра

nesër

ранок

mëngjes

опівдні

mesditë

вечір

mbrëmje

робочі дні

ditë pune

кінець робочого тижня

fundjavë

рік

vit

веселка
ylber
дощ
shi
сніг
borë
вітер
erë
весна
pranverë
осінь
vjeshtë
літо
verë
зима
dimër

4.APRIL 11°
5.APRIL 4°
6.APRIL 13°
7.APRIL 8°
8.APRIL 10°

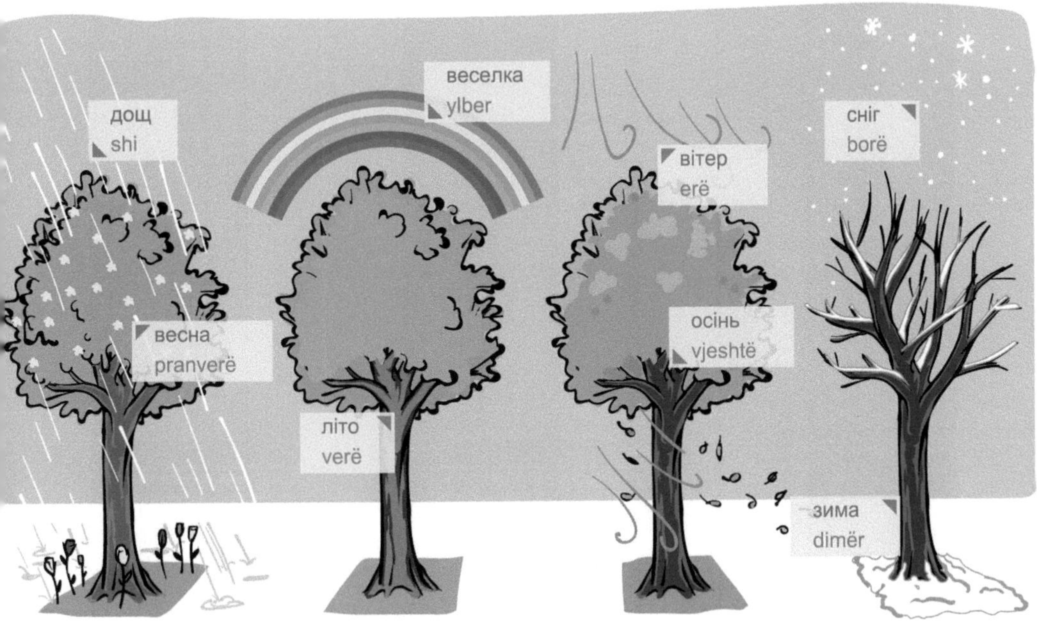

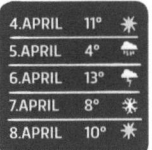

прогноз погоди

parashikimi i motit

F
C
120
90
60
30
0
-30
40
30
20
10
0
-10
-20

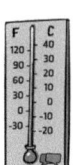

термометр

termometër

сонячне світло

ndriçim dielli

хмара

re

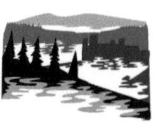

туман

mjegull

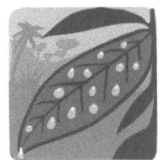

вологість повітря

lagështi

блискавка

vetëtima

грім

gjëmim

шторм

stuhi

град

breshër

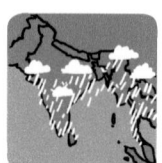

мусон

muson

повінь

përmbytje

лід

akull

Січень

janar

Лютий

shkurt

Березень

mars

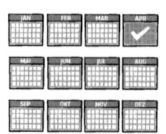

Квітень

prill

Травень

maj

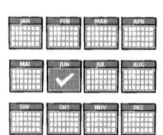

Червень

qershor

Липень

korrik

Серпень

gusht

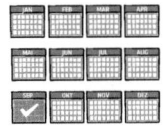

Вересень

shtator

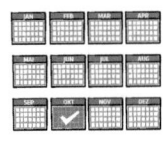

Жовтень

tetor

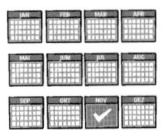

Листопад

nëntor

Грудень

dhjetor

форми

forma

круг

rreth

квадрат

katror

прямокутник

drejtkëndësh

трикутник

trekëndësh

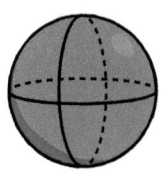

куля

sferë

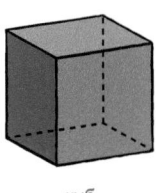

куб

kub

білий

e bardhë

жовтий

e verdhë

помаранчевий

portokalli

рожевий

rozë

червоний

e kuqe

фіолетовий

vjollcë

синій

blu

зелений

e gjelbër

коричневий

kafe

сірий

gri

чорний

e zezë

багато / мало

shumë / pak

лютий / мирний

i nevrikosur / i qetë

гарний / бридкий

i bukur / i shëmtuar

початок / кінець

fillim / fund

великий / малий

i madh / i vogël

світлий / темний

i ndritshëm / i errët

брат / сестра

vëlla / motër

чистий / брудний

e pastër / e pistë

завершений / незавершений

e plotë / jo e plotë

день / ніч

ditë / natë

мертвий / живий

gjallë / vdekur

широкий / вузький

i gjerë / i ngushtë

їстівний / неїстівний

i ngrënshëm / i pangrënshëm

злий / дружній

i keq / i këndshëm

збуджений / нудьгуючий

i lumtur / i mërzitur

товстий / тонкий

i shëndoshë / i dobët

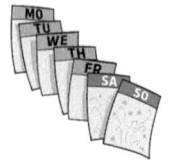

спочатку / востаннє

e para / e fundit

друг / ворог

mik / armik

повний / порожній

plot / bosh

жорсткий / м'який

e fortë / e butë

важкий / легкий

e rëndë / e lehtë

голод / спрага

uri / etje

хворий / здоровий

i sëmurë / i shëndetshëm

незаконний / законний

e paligjshme / e ligjshme

розумний / дурний

i zgjuar / budalla

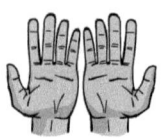

вліво / вправо

majtas / djathtas

поруч / далеко

afër / larg

новий / використаний

e re / e përdorur

нічого / щось

asgjë / diçka

старий / молодий

i moshuar / i ri

вкл / викл

ndezur / fikur

відкрито / закрито

hapur / mbyllur

тихо / гучно

i qetë / i zhurmshëm

багатий / бідний

i pasur / i varfër

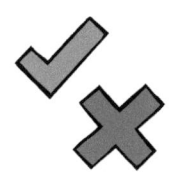

правильно / неправильно

e drejtë / e gabuar

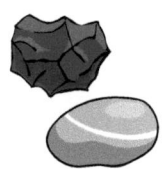

шорсткий / гладкий

i ashpër / i butë

сумний / щасливий

i mërzitur / i lumtur

короткий / довгий

i shkurtër / i gjatë

повільно / швидко

ngadalë / shpejt

вологий / сухий

i lagësht / i thatë

гарячий / холодний

ngrohtë / freskët

війна / мир

luftë / paqe

0

нуль

zero

1

один

një

2

два

dy

3

три

tre

4

чотири

katër

5

п'ять

pesë

6

шість

gjashtë

7

сім

shtatë

8

вісім

tetë

9

дев'ять

nentë

10

десять

dhjetë

11

одинадцять

njëmbëdhjetë

12

дванадцять

dymbëdhjetë

13

тринадцять

trembëdhjetë

14

чотирнадцять

katërmbëdhjetë

15

п'ятнадцять

pesëmbëdhjetë

16

шістнадцять

gjashtëmbëdhjetë

17

сімнадцять

shtatëmbëdhjetë

18

вісімнадцять

tetëmbëdhjetë

19

дев'ятнадцять

nentëmbëdhjetë

20

двадцять

njëzetë

100

сто

qind

1.000

тисяча

mijë

1.000.000

мільйон

milion

англійська

anglisht

американська англійська

anglishte amerikane

китайська
високочиновницька

kinezisht mandarin

хінді

hindi

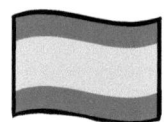

іспанська

spanjisht

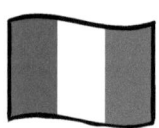

французька

frëngjisht

арабська

arabisht

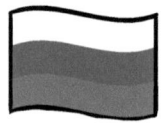

російська

rusisht

португальська

portugalisht

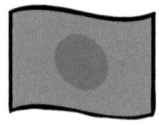

бенгальська

bengalisht

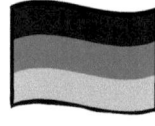

німецька

gjermanisht

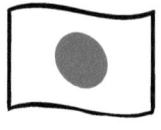

японська

japonisht

я

unë

ти

ti

він / вона / воно

ai / ajo

ми

ne

ви

ju

вони

ata

хто?

kush?

що?

çfarë?

як?

si?

де?

ku?

коли?

kur?

ім'я

emër

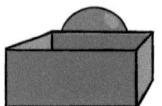

ззаду

pas

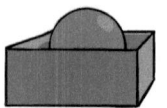

в

në

перед

përballë

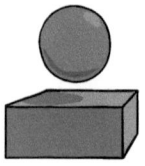

над

sipër

на

mbi

під

poshtë

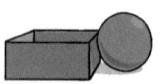

біля

pranë

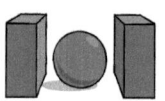

між

midis

місце

vend